U0789676

（清）省庵法师　著

《续嘉兴藏》编纂委员会　编

续嘉兴藏·省庵法师卷（下）

浙江大学出版社

（清）普荷　著

（嘉兴藏）编纂委员会　编

嘉兴藏·普贤古制录（十）

浙江大学出版社

净业学人彭际清 重订

劝修净土诗（有叙）

实贤谫劣庸僧。褊卑陋器。本无大力。仰承前辈宗风。时有好怀。独结西方净愿。虽躬行不逮。原无实得于自心。而兼济未忘。乃有愚衷于此世。原夫净土一门。理极顿圆。事诚简易。在因强而得果疾。用力少而成功多。浅之则夫妇与知。深之则圣贤莫测。三根普被。万类均收。拯溺苦海之鱼。信为巨网。挽回末法之证。的是奇方。离斯捷径。出生死以奚从。舍此法门。脱轮回而何日。但今时泛念者多。深信者少。或有词为著相。贬作小乘。并由不读教文。只是住凭胸臆。岂知中天调御。开金色口以丁宁。十方如来。出广长舌而赞叹。文殊、普贤。尚有求生之偈。马鸣、龙树。亦有愿往之文。至于智者、永明之辈。中峰、

天如之流。并是教祖禅宗。莫不垂文著论。阐明至理。深劝后人。奈何末代凡夫。钝根浅识。乃欲远胜古人。置之弗屑耶。实贤因此感慨。尝欲发挥论议。解释疑情。于乙未秋。著诗三十首。一时草草付工刊版。惜乎理未周圆。事多疏漏。每欲从事添削。不遑下手。戊戌夏。依绍昙老人于隆兴精舍。学律安居。听经坐腊。自恣既竟。同学攝兄踊跃赞叹。怂恿卒业。由是芟其繁芜。补其阙略。理随事广。语逐文多。不觉信笔任心。盈编成册。于中铺陈依正。描写庄严。广破群疑。深彰一理。指示工夫以知操守。分张品类以劝修行。于是总陈三教。别派众流。所谓仕隐工商。渔樵耕读。乃至苦乐闲忙之辈。生老病死之人。莫不皆导以念佛。示其往生。凡一日二六时中。每年十二月内。无时非念佛之时。无月不思归之月。所以一其念。专其志也。夫信是道原。故首标依正以起信。疑为信障。故次释人情以破疑。疑障既除。信心堪发。信心既发。正行

斯遵。故授之以工夫途路。非徒自善。尤宜利他。语贵随机。事须逗巧。故分之以品第人论。然有行无愿。终不往生。有念无观。亦难见佛。故受之以恒时运想。频月致怀。未则总叹娑婆之苦。同归净土之乐。伸明信愿。结劝往生。盖净土法门。不出信行愿三。故为次第如此。诗成。新旧共得一百八首。虽非法海之全珠。亦是义山之片石。文诚粗疏。语颇切实。伏乞观者。知我苦心。鉴兹不逮。略其词而察其意。行其事以践其途。庶几同脱苦轮。尽超乐土。幸勿因人废言。徇名弃实。是所至望。

我教原开无量门。就中念佛最为尊。都融妄念归真念。总摄诸根在一根。不用三祇修福慧。但将六字出乾坤。如来金口无虚语。历历明文尚具存。

一入西方境自融。双眸顿觉翳销镕。无边刹土光中现。遍界真身象外逢。花衬玉栏红隐隐。树含金殿碧重重。色空泯合浑无寄。镜像分明绝点踪。

境胜由来道易修。多生习气一朝休。盘中甘露珠圆转。树上摩尼水倒流。碧玉莲台承足稳。真金花瓣衬身柔。三车已息驰求念。露地安然坐白牛。

琉璃地上绝尘埃。晏坐经行亦快哉。锦绣织成行树叶。丹青画出众楼台。漫空花雨诸天下。遍界香云大士来。何处忽生新佛子。芙蓉又见一枝开。

土净能令心自空。无边妙色现其中。千灯互照身光映。十镜交辉佛土融。珠网重重悬宝树。天童历历在华宫。龟龄鹤算浑闲事。直得虚空寿量同。

称性庄严非外得。天然果报自无穷。一尘遍入诸尘里。万法全收一法中。花映玉池人倒影。身游佛国地俱空。色心依正原无碍。但得情忘境自融。

琼枝瑶草色长新。别有乾坤世外春。红藕花藏金砌鸭。绿珠帘映玉楼人。尘沙莫计声闻辈。海水难量大士伦。博地亦能容入会。何时得与圣贤亲。

寂静身心自偶谐。寻常历览兴无涯。金幢倒映琉

省庵法师语录卷下

璃地。玉砌平铺玛瑙阶。自有好花堪供佛。更无尘事

可干怀。何时得遂平生志。坐对鸳鸯水上排。

我佛慈悲相好身。随机应现不同伦。尽虚空界元

同体。极一微尘总是真。叠叠髻螺山顶绿。弯弯眉相

月钩新。七重树下金莲上。处处追陪二大人。

相好凡夫皆具足。六通无碍异常伦。直将果用为

吾用。不改凡身作佛身。（净土一生成佛。更无中阴入

胎之事。唯除愿力欲往他方世界度众生者）周顾十方

省庵法师语录卷下
省庵法师语录卷下

同指掌。遍游诸国似比邻。回观此土修行者。龌龊生

涯太苦人。

彼方殊胜事无穷。依正由来总不同。划尽青山铺

碧玉。收干沧海出虚空。法音自演风柯里。妙义频宣

水鸟中。诸佛众生同一体。互相周遍尽圆融。

净土因何独指西。要令心念有归栖。一门入后门

门入。初步迷时步步迷。直就下凡阶上圣。不离烦恼

证菩提。莲花胜友应相待。何日归来手共携。

如来本愿非虚诳。称我名皆到此中。（大弥陀经云。

设我得佛。十方众生。志心信乐。欲生我国。乃至十念。

若不生者。不取正觉）莫患棘墙（三界）无客住。只愁

枷锁（贪爱）几时空。（或曰。若世间人皆往西方。则

此方谁住。故以此喻晓之）百川归海水宁溢。万国朝

王地岂穷。（或曰。若世间人皆往生。则众生甚多。彼

国如何容受。故以此释之）易往无人真可惜。不知何

事恋樊笼。

人传天竺是西方。（世传西方去此十万八千里。是

错认五天竺国为西方也）天竺支那在足傍。（天竺人呼

东土为支那。天竺、支那同在南瞻部洲。足迹可到）莫

向泥涂分净秽。（同居五浊。宁分净秽）休从火宅辨炎

凉（同居三界。奚别苦乐）三千世界非吾土。（四大部洲。

须弥山。六欲天。各满一千名小千世界。千个小千世

界名中千世界。千个中千世界名大千世界。总此三千

大千世界。名为娑婆世界。皆释迦牟尼一佛所化之境

大千世界。[illegible]氏袈裟世界。当释迦牟尼一[illegible]祖少八颗

界。[illegible]生安住世界。千个中千世界名大千世界。千个小千

贺羡山。六欲天。谷高一千多小千世界。千个小千世界

京（同说三界。娑婆苦界一千世界非妻上。（四大桥洲

高成须弥山[illegible]族。（同阎浮洲。宁古华婆师。多勒下陆）基

来主民支那。天竺。支那同有妻在多婆。（天竺入千

[illegible]古五天竺国在西方少）天竺支那在西方。一妻西方去地十七八千里。长

入新天竺国在西方。一妻西方去地十七八千里。长

重走乐奖。

国[illegible]同容爱。娑文知释少）是弥为八真下聊。来味同

王勉当究。（返曰。娄女同入智珐主。反国腺

地名娄到。娄文地会察少）百川归赣米宁盐。反国腺

烯怜（贪爱）入博空。（返曰。娄女同入智珐西方。反

娄东主善。东咏五竟）莫妻林静（三界）为客到。以妻

妖咏罪猫。十方众主。志心常来。桔主须国。民至圣十会

呋来本愚非盈珐。旃森勿古陆地中。（大乘喃珐本。

也）万亿乾坤是故乡。（极乐去此十万亿三千大千世界）去去莫愁途路远。不劳弹指见空王。（天台云。临终在定之心。即净土受生之心。动念即是生净土时）莫说西方为譬喻。（有人云。西方是譬喻之说。乃诱引凡愚为善。非实事也）须知名与实相应。譬甜似蜜非无蜜。喻冷如冰却有冰。槐国阿谁招客去。蟫楼何处劝人登。如来大圣成虚妄。谤法惩尤忏未曾。

人言肃杀是西方。死后身空堕渺茫。（有人云。西方是肃杀之气。人死归空。生气殄灭。即是西方。岂真有西方可生乎）身毒应无生博望。（身毒即天竺国。汉博望侯张骞曾至其地）岐山哪有活文王。（岐山在西夷。文王所生之地）众诸侯各朝天子。（问。何故极乐在西。答。极乐非定在西。但对东言西。譬如天子所都。名曰长安。诸侯朝天子。四方来者不一。东方来者。则曰长安在西。西方来者。则曰长安在东。长安定有东西平。弥陀所都。名为极乐。十方菩萨皆愿往

生。东方生者即言极乐在西。西方生者即言极乐在东。极乐定有东西乎)四大洲殊睹日光。(四大洲谓东胜身洲、南赡部洲、西牛货洲、北俱卢洲。殊睹者。日月环绕须弥山。照四大洲。东洲日没。南洲日中。西洲日出。北洲半夜。四洲人并指日出处为东。日没处为西。则南洲西方。即是西洲之南。北洲之东。东洲之北矣。方位宁有定乎)但得往生休恐怖。应知寿命实难量(大弥陀经云。我刹中人。寿命皆无央数劫)

都言念佛是愚夫。得作愚夫亦已夫。龙树辩才还拙否。(龙树菩萨造毗婆沙论。发愿往生)文殊智慧是虚无。(文殊菩萨往生偈云。愿我命终时。尽除诸障碍。面见阿弥陀。往生安乐国)主人底事凭居易。(东坡诗云。乐天不是蓬莱客。凭仗西方作主人)公据何人问大苏。(东坡南行。唯带阿弥陀佛一轴。曰。此轼西方公据也)寄语聪明宜念佛。阎君应不爱之乎。

六字真经堪读诵。谁言名字假非因。(有人言。名

字属假。非成佛因。岂有念假名而成真佛）即名显体

方称妙。托境观心易入真。（六字洪名为境。四性叵得

为观）螺嬴祝儿终肯父。（螺嬴衔桑虫于穴中。呼祝七日。

则还肯其父。众生念弥陀于心内。持名一世。安得不

肯佛）蝼蜻丸粪亦遗尘。劝君早发西归愿。真秽何容恋

此身。

极乐。（或谓求生西方是自贪快乐。非为了道。不知言

婆婆魔外事纵横。寂灭无如安养城。苦乐双忘名

极乐者。苦乐两忘。方名极乐。若对苦说乐。是人天

之乐。不名为极）死生俱尽说无生。（问。既说往生。

即有生死。云何言无生。答。谓达生体本空。故生即

无生。又接引初机。权说往生。生已亲证。始知无

生）佛无彼此皆同体。（又问。何不念释迦而反念弥陀。

不念十方诸佛而念一佛。答。念弥陀即是念释迦。念

一佛即念十方诸佛。以佛佛道同故。顺本师教故。心

得专一故。又弥陀与此土众生偏有因缘故）地有东西

器身一來。父來訓己火土戊主謂青因來括）妖青來。西

一器鳴念十六苦括。父輪輪道同括。礦本刑華括。二

未念十六苦括而念一器。答。念釋詞鳴丹念釋刦。念

青有主括。彼同言不主。答。眼古主本本空。菩主鳴

主。父藏比除括。妖諦至主。主乃秉括。（同。蒲諦至主

主）輪不新近皆同括。（大同。阿不念釋鳴括文念釋詞。

臻來苦括。菩苦來西念。乜妖臻來。菩悅苦諦來。長入天

臻來。（念眼來主西乜長自食來括。非民二諦。不味言

蘇蘇鳴不車二藏。痍天不噐來養諦。菩來戊諦妖

妖真。

青輪）諱駿鳴藏乃鳴早藏西日題。真藏西念括

囤玉青其父。众主念括十六甫。諦味一念。乘諦來

民駁）臻庸藤小叅青父。（諦虞諦秉虫干六甫。和諦大日。

妖族。沐鳴駿小巴人真。一六宇甫乃味鳥。四卦可題

宅惠劉。非族輪囤。嵩庸念諦妖戊真藏）鳴妖虽括

是假名。何事劝人生彼国。只缘此土道难成。

若执往生为妄想。（或谓念佛是摄妄想一法。若求

生西方。翻成妄想）岂言住此便成真。（若言生西方是

妄想。则住著娑婆。妄想尤甚）东西不著尤非理。（若

言我今不求生彼。亦不住此。二俱不著。随意受生。

此尤非理。何者。既非法身大士。又非应化圣人。欲

爱未除。业缘未断。若不生西方。定生此土。既生此土。

则仍在轮回。业力所牵。三途有分。安能随意受生

省庵法师语录卷下
省庵法师语录卷下

一六三
一六四

耶）净秽双忘亦是尘。（只此净秽双忘一念。亦是情计。

尚属法尘所摄。若真双忘。则何碍求生）生本无生生

四土。见犹离见见三身。须知真妄原同体。迷悟由来

总在人。

才劝往生言著相。尽思贪恋却迷蒙。无生毕竟有

生在。（有执断见者。言死后永灭。都无生处。不知业

牵识走。毕竟复入胞胎。除却念佛往生。更无有脱离

处）离相依然住相中。（若言死后永灭。不求往生。名

不著相。是则离缘起相。生断灭相。断灭相者。是邪

见法）念与佛融方是即。（荆溪云。体不二故。方名为

即。近世聪明之士。皆言即心即佛。及劝念佛。便言

著相。不知念佛念心。本来一体。但执念心。不信念

佛。则心佛是二。何名为即）心将境异不知空。（即事

显理。名为真空。拨事求理。名恶取空。近世聪明之士。

亦知心净土净。语以净土。便言著相。不知心外无土。

土外无心。但执唯心。不信净土。则心与土。划而为二。

处通。

此恶取空。非真空也）会须心佛双忘后。日照山川处

都言净土唯心是。十万余程是外求。但执妄心居

在内。（若言十万亿佛国之西方是外求者。则认方寸妄

心居内。便同阿难所计七处之一）不知真性体全收。（楞

严经云。当知虚空生汝心内。犹如片云点太清里。况

诸世界在虚空耶）弥陀诸佛镜中影。极乐娑婆水上沤。

取舍厌欣无罣碍。自家屋里任优游。（欣自心之净。故取。

念佛之人。[illegible]自性弥陀。[illegible]唯心净土。[illegible]

非真空也。[illegible]念[illegible]真空之中。[illegible]含[illegible]万象[illegible]。

[illegible]十方世界[illegible]。

[illegible]自性[illegible]。本来一物[illegible]。[illegible]明心[illegible]。

[illegible]净土[illegible]。[illegible]何故[illegible]。[illegible]

[illegible]本来[illegible]。[illegible]一物[illegible]。[illegible]

一六六
一六五

厌自心之秽。故舍。一取一舍。不碍唯心。何外之有）

尽说厌欣为障道。谁知净业善资成。厌离未切终难去。欣爱非深岂易生。何处安居能徙宅。谁人无事肯登程。铁围山外莲花国。掣断情缠始放行。

人疑念佛恐成魔。魔佛相争不较多。了境唯心无罣碍。（但了佛从心现。外境本空。则虽魔即佛）将心取境便淆讹。（不知境自心生。取著为有。则虽佛即魔）国君愦愦民方扰。室主惺惺盗敢过。（一念取著。则魔得其便。妄心不起。则鬼不奈何）须信佛心常护念。（弥陀经云。念佛之人。一切诸佛之所护念）波旬束手更谁何。

都言处处是西方。平地高山总不妨。（古云。高山平地总西方。此是真实到家之语。若未到家。便成戏论）入厕岂宜还塞鼻。冲泥何事尚褰裳。（塞鼻、褰裳。即是秽相未空。处处西方。岂非妄想。）病来哪得心无苦。梦里焉知身在床。莫语空言违实行。好凭落日望还乡。

尽说西方是小乘。小乘原自不相应。（法华经信解品。迦叶等四大弟子白佛言。但念空、无相、无作。于菩萨法。游戏神通。净佛国土。成就众生。心不喜乐。故知净土法门。是菩萨所行。非小乘事。盖如来在小乘教中。不说有他方佛土。唯大乘方等经中。广谈十方佛国。而谆谆指归西方净土一门。故西域禀小乘教者。都不信有弥陀佛国往生之事。学大乘者。多修此法。今人反谓净土是小乘法。大乘所不为。岂不大颠倒耶）须知念佛还成佛。（一云栖云。念佛成佛。是亲种子。故华严十地文。地地不离念佛）大胜为僧又作僧。（一大智律师云。近见禅讲宗师。有发愿来生童真出家者。男子再愿出家。略无胜进乎）白社远公咸愿往。（晋慧远法师。于庐山集众念佛。刻木为莲。具十二叶。引流泉入池。每度一时。水激一声。昼夜六时。禅诵不辍。尝试语言。汝今已得男子出家。合求出离。何乃复求与会诸贤）往生甚众）华严大士亦求登。（华严行愿品。往生甚众）华严大士亦求登。（华严行愿品。

[illegible — the scan is mirror-reversed (laterally flipped); the handwritten clerical-style Chinese text on this side cannot be read reliably in mirror image]

古人一时遭著之语。令人执之作实法会。岂非被烧乎）佛见未生除甚么。（赵州云。佛之一字。吾不喜闻。古人真实证到这个田地。方开大口。今人口谈禅理。心轻实行。尚未除恶见。何况善见。尚未起三乘见。何况佛见。尚未起佛见。云何而除佛见）凡情尚在断何因。劝君莫漫闲言语。只要今生出苦轮。念佛圆通摄六根。耳根谁谓独超伦。（人知楞严圆通。耳根殊胜。不知念佛即摄耳根）音闻既是圆常体。名字原非生灭因。（问曰。经言。诸行是无常。念性原生灭。念性尚是生灭。况名字耶。答曰。经文为顺此方之机。于诸门拣择一门。今初心入道。故有抑扬之论。实则二十五圣法门。皆具圆通常义。故曰。圣性无不通。顺逆皆方便。言无不通。则知无不圆常也。岂名字独成生灭耶。又问。圣性虽无不通。初心入道岂无迟速优劣。答。别论虽尔。通论不然。念佛既摄耳根。则同是一门。何分优劣。又念佛主于意根。遍摄五根。

慈嘉興藏 · 省瀚書師卷

耳根唯属于耳。不兼余根。耳根从一门深入。念佛则根根可入。当知耳根不摄念佛。念佛能摄耳根。故此一门。三根普被）以念念名名固切。将闻闻佛佛还亲。由来二圣皆昆仲。同作弥陀辅弼臣。

不信西方不愿生。都由执计未能清。持冰唤水须融水。（或谓即心是佛。何须更见弥陀。今释曰。言即心是佛者。如持冰唤水。冰虽是水。结滞未融。须假太阳。方能和解。心虽是佛。全体在迷。须假佛日。方能开悟。岂可固执迷心而不愿见佛乎）指木为楹岂是楹。（或谓即心净土。何以更生净土。今释曰。言即心净土者。如指木为楹。木虽可以为楹。而不即是楹。心虽能造净土。而非即是净土。今试自问。十二时中。于一切境缘上。还起一毫杂念染污心否。若有一毫杂念染污。即是秽相未空。云何言即心净土。如是之言。皆为自欺。故知若不往生。唯心净土。终不得显）己佛还从他佛显。正因须藉了因明。殷勤苦口缘何事。只

正反如制昆。五因願鼕已因服。類懂苦口鑿向車。只

晉戊自祺。姑味味未封半。

今發自阿。十二相申。

（道）賢鳴心牟土。而父更主牟土。今釋曰。言鳴

縣鼕。（道）賢鳴心牟土。同父更主牟土。今釋曰。言鳴

縣牟土。暖靜未民鑿。未昆下心戌鑿。而未鳴縣鼕。

心昆輪壺牟土。而非鳴縣牟土。姑有一壺余念森冶。

十一音聲森土。必步一壺余念森冶心含。

念森冶。晉縣饒罪未空。必向言鳴心牟土。

嬉嘉興藏·省瀬法帖卷
省瀬法帖卷卷五十
省瀬法帖卷卷五十
一六八
一六九

今弇禾壺。当下圖林彭心而未願馬牟平）聲未民鑿当。

大所。右弇味雜。心昰長梓。全本未封。顧題稱曰。

縣县番。败舞未鑿米。未昰長米。蔡縣未蠕。顧題

蠕未。（道）賢鳴心县番。向顧更昆鑿鲔。令釋曰。言鳴

禾言曲亡禾願主。縄由共千未鑿青。縄未鑿未顧

由來二至普馬和。何弇紊匐韲癌叩。

一门。三縣普痳）必念念殊名固台。珠間間韲韲遇縣。

縣縣下人。追味耳縣不縣念韲。念韲翰縣耳縣。姑九

耳縣留騰千耳。不蒹余縣。耳縣云一门栾人。念韲翰順

为婆婆是火坑。

悟后莫言休见佛。应知悟后正求生。（天如云。汝若悟心。则净土往生。万牛不能挽矣）童蒙未可离师学。稚子犹宜傍母行。喆老后身休更蹈。（宋喆老住京师大刹。后生大富贵处。一生多受忧苦）青公覆辙岂堪成。（四十年不睡。坐禅精苦。坐化后。纸袄亦烧出舍利。后生大富贵处。一宋青草堂。后身作曾鲁公）会须亲证无生后。回入婆婆度有情。

续嘉兴藏·省庵法师卷

省庵法师语录卷下
省庵法师语录卷下

一七九
一八〇

借问往生何计策。须凭信行愿俱全。信根先向心田种。行足还加愿力坚。路之资粮终不到。（有信愿无行）马无缰御孰能前。（有信行无愿）但将三事为符契。携手同登九品莲。

念佛休嫌妄想多。试观妄想起于何。无心收摄固成病。著意遣除亦是魔。救火拖薪添烈焰。开堤引水作长河。直须字字分明念。念极情忘有甚么。

佛声易可除昏散。出口还收入耳来。蓦地乱茅随

裴嘉興藏 · 省諭葄諭券

一八○
一四七

火尽。蔽天浓雾逐风开。通身是佛谁为念。遍界生莲

不用栽。何待临终生极乐。即今端坐玉楼台。

弥陀四字绝商量。只贵专持不暂忘。若厌平常终

隔断。才求玄妙便乖张。粗尝橄榄宁知味。细嚼盐齑

念弥陀佛贵专精。念到功深念自纯。念念圆明真

性体。声声唤醒本来人。婴儿随水频呼母。荡子还家

始见香。却话从前离别事。翻令鸣咽泪沾巾。

始见亲。

欲得工夫无间断。直须精进始相应。暂时失念云

霏日。瞥尔生心蛾扑灯。小水长流终贯石。沸汤停火

念佛欲知端的处。个中殊不计功程。尘消古镜光

亦成冰。往生作佛浑闲事。只在当人念力能。

逾远。风定寒潭水自平。四性本空心历历。三身迥得

佛明明。一门具足诸方便。止观匪从渐次成。

行时正好念弥陀。一步还随一佛过。足下时时游

净土。心头念绝娑婆。傍花随柳须回顾。临水登山

莫放他。等得阿侬生极乐。十方来去任如何。（行一

住时念佛好观身。四大之中哪一真。我与弥陀非两个。影兼明月恰三人。空房渐朽应难住。腐栋将颓岂易蹲。何如蝉蜕新脱壳。莲花胎里独栖神。（住一

坐时观佛足跏趺。身在莲台花正敷。毫相分明随念见。金容映现与心符。事如梦幻元空寂。理到圆融非有无。何日池头捧双足。亲蒙顶上灌醍醐。（坐一

卧时念佛莫开声。鼻息之中好系名。一枕清风秋万里。半床明月夜三更。更无尘累心难断。唯有莲花梦易成。睡眼朦胧诸佛现。觉来追记尚分明。（卧一

僧宜念佛痛加鞭。得预莲池清净缘。亲听法非徒对本。顿明心不用参禅。明师岂若弥陀好。善友谁居补处前。一念遍游诸佛国。笑他行脚困山川。（僧一

此方正教在儒宗。但尽今形后世空。仁义躬行虽切实。死生才话却朦胧。好寻归路思安养。莫认邮亭作故宫。净土原从忠孝得。金台上品奏元功。（儒一

道家搬运为延龄。用力偏多功少成。要识神仙非

不死。《楞严经》云。复有从人。不依正觉。修三摩地。

别修妄念。存想固形;游于山林。人不及处。有十种

仙。寿千万岁。斯亦轮回。妄想流转。报尽还来。复

入诸趣）须知净土始长生。（后魏昙鸾法师。初受陶

隐君仙经十卷。专事修炼。后遇菩提流支。问曰。佛

道有长生乎。支曰。长生不死。我佛道也。遂以十六

观经与之。曰。学此则三界无复生。六道无复往。其

为寿。不可穷也。鸾于是遂焚仙经。而专修观经）持

金作钏终无变。弄泡成珠但有名。（或问。我学仙。则

现世便得长生。汝念佛。则现身便死。长生何在。答曰。

汝执幻身为坚固。如弄泡成珠。有名无实。我知心性

为真常。如持金作钏。终无变易。又神仙寿命。千年

易尽。如弄泡成珠。西方寿命。劫石难量。如持金作

钏）寄语学仙宜念佛。莲池端的胜蓬瀛。（道一

求官常恨做官卑。官愈高时势愈危。太璞不完惭

[illegible]，[illegible]，下[illegible]水库
生，[illegible]海洲[illegible]年。[illegible]时[illegible]。（词）
[illegible]，[illegible]词[illegible]来，[illegible]。[illegible]。[illegible]
[illegible]，[illegible]，[illegible]，[illegible]。十年
[illegible]，[illegible]词[illegible]来，[illegible]。[illegible]
[illegible]水利。[illegible]年，[illegible]。水利[illegible]。曰，
[illegible]，[illegible]词[illegible]来[illegible]。（[illegible]。[illegible]洲[illegible]。[illegible]
[illegible]，[illegible]，[illegible]洲[illegible]。[illegible]）[illegible]

纵横[illegible]·[illegible]言物 ◄ 浙江[illegible]／浙江[illegible]

[illegible]，曰，[illegible]川[illegible]水利。水[illegible]。[illegible]
[illegible]水利[illegible]。曰。水利[illegible]，[illegible]词[illegible]。[illegible]十水
[illegible]十[illegible]。[illegible]。[illegible]洲[illegible]。曰，[illegible]
（[illegible]）[illegible]海[illegible]水利。（[illegible]。[illegible]
[illegible]，[illegible]，[illegible]回，[illegible]，[illegible]。[illegible]
[illegible]，[illegible]，[illegible]，[illegible]。五十年
[illegible]。（[illegible]，[illegible]，[illegible]，[illegible]川[illegible]。
[illegible]词[illegible]。[illegible]七[illegible]，[illegible]

美玉。泥涂曳尾羡灵龟。已知仕官空无味。试看弥陀
念是谁。案牍虽忙姑少置。朝朝十念不宜亏。（十念者。
每日清晨。向西正立合掌。连声称阿弥陀佛。尽一气
为一念。如是十气。名为十念。尽此一生。不得一日
暂废。若能如是。决定往生）。（仕）

边月。高枕床头一片山。白屋安贫终暂计。夕阳归路
处士逃名远市阛。此身清隐翠微间。平分岭上牛
岂知还。莲花佛国深深处。出世芳踪不可攀。（隐）

百工居肆易成功。此有专门各不同。旋转化工归
手内。挽回造物在胸中。从来命不由人做。只有心堪
自己改。随分妻孥且安乐。团圆头念佛丛丛。（工）

商客经年道路行。舟车迅速每兼程。利深不觉风
涛险。物重翻将性命轻。长恨货多难长价。焉知身死
不重生。劝君念佛归西去。利比婆婆万倍赢。（商）

渔人活计在扁舟。南北东西任去留。劈破月华沉
棹底。移来山色上船头。常教妻子张罗网。谁识阎翁

韓廟。篆来山曲口上雕尖。常荼豪十来聚风。率

蔥入话廿去扃尖。常荼豪十来聚风。率城月少元

東重坐。成朵念物印西去。翻报月少元

裁剑。瞬重疇朵封命珠。未別

商容迓羊首埜行。体秋木贵反

自与水。蔺不亲莱且安未。囯囯未令希五王。（工）

羊中。矞回坐赠主庙中。以来令不由入游。只青心基

百工居肆是巫仁。五青寺门谷不同。签释少工印

号味□。蔺不亲莱野。体秋木贵反

世月。高夸朱来一立古。白囯衣贵替十。□畤卬翻

武士起坐刮市屬。起度青翻举莱同。平不令王率

普庵。莽莽裘长。未岚坐（坐）。（坐）

此一念。咙吴长十三。踏在十念。界烛一坐。未毕一日

念县斋。莽蕻诺示桊小骬。陆度十念未宜乜。（十念画。

美玉。咙余吏岚莱民白。乃味扣宜室禾柴。莶庵蕊刿

下钩钩。苦海无边休陷溺。早凭佛力忏深尤。（渔一

樵夫家住碧山垠。斤斧声中倒乱薪。斫断云根穿

地脉。凿开石齿露峰唇。但看旧冢埋枯骨。不见新坟

起死人。及早回头寻出路。莲花胎里好藏身。（樵一

农人念佛好殷勤。旋种新秧手自分。片笠冲开杨

柳雨。一犁耕破杏花云。曲肱饱饭欣秋熟。回首思乡

望夕曛。一片琉璃田地美。天然殊不用耕耘。（耕一

世间万事总浮尘。只有诗书差可人。千卷西窗残

省庵法师语录卷下
省庵法师语录卷下

一八九
一九〇

月夜。数编东阁乱山春。吟声未若佛声好。书味何如

道味真。识得自心清净土。文章糟粕不堪陈。（读一

一等世人修福业。希图来世作公卿。假饶位极五

侯贵。何似身居下品生。施水但滋贪种子。（因贪富贵

而行布施）善芽翻长业根荄。（因布施而招富贵。因富

贵而造业。因造业而复堕三途。）愿回有漏成无漏。（以

此福业。回向西方。即成无漏）早注花间第一名。（此

方念佛。西方七宝池中即生莲花一朵。标名其上。身

后托生其中。（营福）

一心差处路歧逢。自造经书立本宗。（即今五部六册之类。皆偷窃佛经。杂以鄙语。以成己典）两扇门边传秘诀。三家村里聚群蒙。乐邦有路元平直。佛法无私本至公。奉劝回头归正教。弥陀念念见真空。（外道）

尼师念佛好随缘。莫向深闺处处穿。自守清贫为服药。休营痴福更招愆。（古人云。有为之功。多诸过咎。天堂未就。地狱先成）情根断似枯丝藕。戒体芬如出水莲。他日神栖安养国。七珍池上礼金仙。（尼师）

贫人念佛莫蹰躇。寒饿肠中爱易除。灶脚日斜烟未起。屋头露落被还虚。深知此界为囚槛。极厌残骸是溃疽。无限天衣诸化食。他年极乐任安居。（贫）

家道休夸堪敌国。从来贵德贱金铜。无双富莫如原宪。第一贫唯是后崇。徒有千箱遗子息。难将一物见阎翁。何如念佛生安养。自性财源用不穷。（富）

贵人虽贵未为欣。死后还他一个坟。三谢园亭空

燕子。五侯门户但寒云。身登上品方为贵。心悟真如始立勋。却到莲池更回首。世间蝼蚁尽纷纷。（贵一）

宿业今招下贱身。从来眉眼未曾伸。频年辛苦恒随主。毕世勤劳敢怨人。好向己躬勤念佛。偏宜净土独栖神。他时得预莲池会。入圣超凡贵绝伦。（贱一）

智人业识每弯环。好把从前念尽删。六个字中无计较。一声佛外绝机关。物情料破宁知死。世事多能只欠闲。毕竟往生为上策。早寻归路自知还。（智一）

慧业文人道易成。休夸才思负聪明。数篇未足充饥饿。半字何曾敌死生。绮语化为真实语。吟声翻作苦空声。乐邦大有佳章在。水鸟风枝尽会赓。（慧一）

愚夫造罪恣贪嗔。肯信从来果与因。只道现生无后世。可知今日有明晨。（或问曰。明晨可见。后世何人能见。答曰。天眼能见。汝既无天眼。又不信佛语。是以不见后世。又问。天眼能见。其相云何。答曰。如见人从一房出。复入一房。死此生彼。亦复如

匀水传。佛不碍忙忙自碍。便从今日奉金仙。（忙）

少年念佛正精神。莫待衰迟始问津。青草半埋红粉骨。黄泉多见黑头人。献珠龙女疾成佛。访道善财还证真。一旦无常音信至。此时追悔欲何因。（少）

暮年光景苦无多。电影沤花一刹那。黄叶渐凋真老矣。秋风将至奈愁何。无心不用贪浮世。有口唯应念佛陀。珍重临行须努力。莫教万劫自蹉跎。（老）

疾病由来是药方。深知生死是无常。重刑受过悲

牢狱。剧苦尝来厌革囊。念念弥陀休背觉。心心极乐愿还乡。何时得受清虚体。寿极河沙不可量。（病）

死时莫漫自惊惶。（念佛人。第一切忌怕死。怕死则不得往生。多有一生念佛。临终唯务服药求医。都不说著往生之事。此怕死之过也）系念殷勤向彼方。脓血渐抛皮袋子。腥臊将脱垢衣裳。多生烦恼真痾瘵。一句弥陀是药王。苦海深沉但求出。莫愁佛不驾慈航。（死）

裝裱興藏·首頷紋飾卷

本无边。何时永灭迁流苦。花里藏身出盖缠。（子时）

丑时后夜晓鸡鸣。起坐披衣忆想清。一念未生真

佛现。万缘才动假名成。知缘不实名何碍。达妄无依

念自平。安得身心归极乐。真空幻有总无生。（丑时）

春王正月是新年。贺岁家家设酒筵。万户笙歌行

乐地。满街花月上灯天。目前景物难长好。劫外风光

自不迁。安养故乡无蜡烛。枝枝相照玉池莲。（正月）

时当二月景堪夸。好念弥陀玩物华。浅白梨花初

破朵。淡黄杨柳乍抽芽。轻烟薄雾莺儿店。细雨微风

燕子家。怎似故乡佳丽地。七重行树语频伽（二月）。

声少。十里山坟哭响多。早趁在生修净业。莫教临死

三月清明瞥眼过。伤心无那是愁何。满城风雨歌

怨阎罗。故乡春色还长在。想见芙蓉出绿波。（三月）

山林四月少尘埃。自念弥陀不用陪。新脱素衣摧

粉箨。乱抛金弹落黄梅。穷途作客真为苦。荡子思乡

最可哀。料得慈尊应念我。朝朝垂手望归来。（四月）

最下象。年年华章闰余森。陵陵重孕望出来。〔四月一〕

花粹。居塘金银花黄薇。它前亦容真出起。晚午兴起。

山林四月小尘来。自余来闰群。绿阴素来繁。〔三月一〕

然阴野。结色春色玉米林。骏马芙蓉曲鬓起。

青小。十里山灰灾自爱。早速尘参华生。莫落尚起。〔三月〕

三月青腔替鬃玉。花小无维美春闷。断桥残雨来。

燕午家。宾约结色封丽甘。谢国雅林章八岛。晚雨燃灰。

姬来。老黄春晴亦芹华。谢国雅秤枸弓而。留区蒙氏。

恨莹二月景华念。枠念来竹何忘念。尖白樂岑咏。

自不玉。安茶枯色戶散起。蛙崇画样卫出谢。〔五月一〕

承敕。茜齐齐月工作天。自蒲景参秤未努。晚化灰来。

春至玉目长椿年。震宫家寂酉薛。长门童聚千。

念自平。安帮東小松来。真室它在尚矛玉。〔五月一〕

辇马。长辔本论险忽落。味鬃木论备回踩。起到安秀粉。

事马。臼叶南安鬃乱乱。妆数枝未令颤看。一念未至真

本天也。向桐未天玉所苦。於呈灰灰寝灰尚温灵。〔十年一〕

五月端阳景物偏。龙舟竞渡古今传。数茎蒲叶剑刻砺。一树榴花火欲燃。苦海无边何日出。乐邦有路几时还。玉池流水洄漩处。阵阵香风泛白莲。〔五月〕

六月人间暑气高。炎炎火宅被焚烧。一林树影藏高阁。十里荷花映画桥。念佛声悲频有泪。思乡心切更无聊。清凉池上何时返。涤尽烦襟水自饶。〔六月〕

新秋七月气初凉。溽暑将收夜渐长。四壁暗风鸣蟋蟀。一池衰草语寒螀。深宵倚槛窥残月。薄暮推窗望夕阳。客路伶俜久漂泊。苦求佛力早还乡。〔七月〕

中秋八月有微寒。零露瀼瀼被草菅。一树桂花香漏泄。万家明月影团圆。长思故国无音信。几欲高飞少羽翰。行树重重含佛土。何时亲倚玉栏看。〔八月〕

重阳九日景偏除。自采菜黄且泛茶。红锦收成干树叶。黄金开尽一篱花。每登山顶瞻乡国。却上楼头望故家。想见七珍池沼内。枝枝菡萏大如车。〔九月〕

十月由来是小春。桃红初破一枝新。长看旧冢添

十月由来是小春。狮工陈妲一载春。不春日家春

望姑家。助马又食山的内。林林蓝苦大吹率。（六月一

杯十。黄金开尽一藓尔。每登山而讀花国。体上载禾子

重时八日景鼠领。自杂采黄且又茶。工翰趣流子

心师馀。竹林重重舍枯土。阿恒采尚王珥青。（八月一

貳虹。亡来朋月澡困园。寸思拈困禾音訶。八瘠高予

中枯八月青豢寨。零齋寨寨梻幸指。一味封香

慈喜兴藏·省通志画卷

首都志刑鄯彔·卷十
首都志刑鄯彔·卷十

二〇六
二〇五

望之时。客殺金雅六票的。苦朱糊古早玉色。（八月一

蒌鞞。一岁豪章哥寒壁。柴齊蔺蘇妒月。

蒌林义月水味京。愚暑柒如京师水。四壁静瓶色

更秀睡。青宗岁土回桓盒。我尔尽酎菜禾自黍。（六月一

高國。十里高茶椒画柒。念佛青悲魂肩前。愚恩色二口

六月入同暑芹高。尧尧大字林楚尔。一林林澡嬌

八柏玉。王步新水回藏戈。莉莉香戻义白菊。（五月一

蒌鞞。一林醉尔大崎熊。苦蔺禾立向自申。禾非青核

五月旄时景老論。禾未夢刻古今寨。嬈老蕭十㑡

新家。每见新人送旧人。万劫死生谁动念。百年身世独伤神。回头便是西方路。只要当人愿力真。（十月）

天涯又见一阳生。六管飞灰气乍更。粒粒寒椒梅渐破。尖尖嫩玉柳将萌。夜长易得还乡梦。岁暮难为作客情。十万余程安养国。寸心耿耿挂长庚。（十一月）

岁尽时穷最可愁。阴云惨惨日悠悠。风剧万木皆枯骨。雪覆千山尽白头。但见过年忙似箭。有谁离苦急如仇。哪堪尚滞婆婆国。梦里光阴又一周。（十二月）

一自婆娑系业因。多生流转实酸辛。须臾出屋又投屋。迅速舍身还受身。曾作王侯争国邑。几为蝼蚁丧埃尘。这回若不思归去。依旧从前受苦轮。

弥陀慈父愿门开。摄受群生等一孩。脓血团中离臭秽。莲花香里受胞胎。但凭净愿为良导。只有狐疑是弃材。浊恶娑婆难久住。早同善友赋归来。

八苦诗

八苦诗

慈济兴建·省病去世卷

二〇八　二〇九

一自娑婆生此因。忽生病转寒衾重。八识轮回。

纵教舍身因爱家。曾念王孙早困穷。病史出困大。

让因。血泪舍身因爱家。当念王孙苦困穷。家因不禅爱苦缘。

寿梁生。返回苦乐愚此来。家因不禅爱苦缘。

真语。莉芥香里爱渐着。回有辞恋此身早。只住衲缘。

真宰。赵寒寒轮长至。早回寿戊飘出来。

慈里尖刑大一周。一十二月一

聋。雷雾千山尽白头。回马扣羊示之福。住病露苦缘。

客著。十长余晚衣茅园。十小规模非水寒。反顾长来习苦。

异。尖尖裘玉等恭楹。像来星国色黍。空嚷嚷此依。

天舞长马一前来。长醉马来不可束。请将寒禄荫花。

寿松华。回来寒世心器。只要迢入愿去怀。(十月一

诗深。儒马缘入利日下。仁者守主禅省念。百年亲为

生

业风吹识入胞胎。狱户深藏实可哀。每遇饥虚倒
悬下。频惊粗食压山来。声闻到此心犹昧。菩萨于中
慧未开。誓割爱缘生极乐。花中产取玉婴孩。

老

万事输人已退藏。形骸自愧少康庄。朱颜一去杳
无迹。华发新来渐有霜。流泪暗思童稚乐。见人空话
壮年强。宁知净土春长在。不使身心昼夜忙。

病

四大因时偶暂乖。此身无计可安排。残灯留影不
成梦。夜雨滴愁空满街。自昔欢娱何处去。只今苦痛
有谁怀。岂知极乐清虚体。自在游行白玉阶。

死

识神将尽忽无常。四大分离难主张。脱壳生龟真
痛绝。落汤螃蟹漫惝惶。甘心狱户为囚侣。束手幽关
事鬼王。何似花开亲见佛。无生无灭寿难量。

爱别离

生离死别最堪伤。每语令人欲断肠。虞氏帐中辞项羽。明妃马上谢君王。泪深江海犹嫌浅。恨远乾坤未是长。诸上善人俱会处。愿教旷劫莫分张。

怨憎会

苦事人情皆欲避。谁知夙业自相招。有钱难买阎翁赦。无计能求狱卒饶。兵败张巡思作鬼。身亡萧氏愿为猫。何时得预莲池会。积劫冤仇好共消。

求不得

穷达由来有夙因。转生希望转因循。扬帆屡见沉舟客。挂榜偏伤落第人。毕世耕耘难果腹。频年纺织尚悬鹑。乐邦衣食天然好。不用区区更苦辛。

五阴炽盛（色、受、想、行、识为五阴。色阴是身。四阴是心。炽盛者。炽然增盛也）

逼迫身心苦事多。哀声无地可号呼。肝肠断处情难断。血泊枯时恨未枯。临海廿年持使节。过关一夜

[illegible — the manuscript text on this page is laterally mirror-reversed and cannot be reliably decoded]

省庵法师语录卷下

省庵法师语录卷下

二一三

二一四

白头颅。何当净土修禅观。寂照同时离有无。

发愿偈

稽首释迦文。娑婆说法主。皈依无量寿。净土之导师。我今承佛力。阐扬净土教。诗成百八章。章各有八句。为顺此方机。故以诗演说。若我所说语。连背于诸佛。欺罔世人者。应受地狱苦。百千万亿劫。犹故不能尽。如其不然者。章各生谛信。慎勿怀疑惑。而生增上慢。及以卑劣慢。由斯二种心。自致失善利。伏愿见闻者。展转递相劝。若有劝一人。乃至于多人。功德不思议。譬喻莫能尽。愿以此功德。普及于一切。我等与众生。同生极乐国。

不净观颂(并叙)

佛为贪欲众生说不净观。观之既久。贪欲即除。可以越爱河而超苦海。余闲居阅大智度论。因取意而

为之颂。以此自警。并以警世云。

死想（先作此观。为下九想张本）

有爱皆归尽。此身宁久长。替他空堕泪。谁解返思量。

胀想

记得秾华态。俄成膀胀躯。眼前年少者。容貌竟何如。

青瘀想

红白分明相。青黄瘀烂身。请君开眼看。不是两般人。

坏想

皮肉既堕落。五藏于中现。凭君彻底看。何处堪留恋。

血涂想

无复朱颜在。空余殷血涂。欲寻妍丑相。形质渐模糊。

脓烂想

腐烂应难睹。腥臊不可闻。岂知脓溃处。兰麝昔曾熏。

啖想

羊犬食人肉。人曾食犬羊。不知人与畜。谁臭复谁香。

散想

形骸一已散。手足渐移置。谛观妖媚姿。毕竟归何处。

骨想

本是骷髅骨。曾将谁惑人。昔时看是假。今日睹方真。

烧想

火势既猛烈。残骸忽无有。试看烟焰中。著得贪心否。

前诗粗示端绪。尚未谛审观察。复作五言律以广之。

莆莉國示誡書。高未和市駅寮。皇未五言軍文广人。

示音。
　大举舄原原。发皇舄所作。发恒逐涝中。蕃郢仓

忘真。
　本县蠶絲骨。曾絲市應人。普恒春吏劫。今日聒

同少。
　骨欵

慈溪黃氏・日抄谷別
　　二十八
　　二二

　性举一〇举。羊野宥殴置。杀殴殊殴殊。汴壽夏

新香。
　洙蕃一〇举。羊野宥殴置。科殴殊殴殊。

草举八肉。八曾宥光草。灰味八汇曹。靳東宾

曾羲。
　爾野瓜糕曹。殴縣水下面。当吓桃言我。三亀者

網以欵。

死想

所爱竟长别。凄凉不忍看。识才离故体。尸已下空棺。夜火虚堂冷。秋风素幔寒。劝君身在日。先作死时观。

胀想

风大鼓其内。须臾膀胀加。身如盛水袋。腹似断藤瓜。垢腻深涂炭。蝇蛆乱聚沙。曾因薄皮诳。翻悔昔年差。

青瘀想

风日久吹炙。青黄殊可怜。皮干初烂橘。骨朽牛枯橡。耳鼻缺还在。筋骸断复连。石人虽不语。对此亦潸然。

坏想

肌肤才脱落。形质便遭伤。瓜裂牛开肉。蛇钻欲出肠。枯藤缠乱发。湿藓烂衣裳。寄语婵娟子。休将画粪囊。

血涂想

一片无情血。千秋不起人。淋漓涂宿草。狼藉污埃尘。莫辨妍媸相。安知男女身。哀哉痴肉眼。错认假为真。

脓烂想

薄皮糊破纸。烂肉弃陈羹。脓血从中溃。蝇蛆自外争。食猪肠易呕。洗狗水难清。不是深憎恶。何由断妄情。

啖想

尸骸遭啖食。方寸少完全。不饱饥乌腹。难干馋狗涎。当年空自爱。此日有谁怜。不若猪羊肉。犹堪值几钱。

散想

四体忽分散。一身何所从。岂唯姿态失。兼亦姓名空。长短看秋草。秾纤问晚风。请君高著眼。此事细推穷。

骨想

皮肉已销铄。唯余骨尚存。雨添苔藓色。水浸上沙痕。牵挽多虫蚁。收藏少子孙。风流何处去。愁杀未归魂。

烧想

烈焰凭枯骨。须臾方炽燃。红飞天际火。黑透树头烟。妄念同灰尽。真心并日悬。欲超生死路。此观要精研。

四念处颂（并叙）

佛垂涅槃。嘱诸比丘。依四念处住。如佛无异。今时丁未法。正念者少。顾此法门。何人修学。岂唯不思其义。抑亦未识其名。可胜叹耶。余山居无事。读涅槃遗教品。因取其意以入声律。俾歌咏者。正念增长。妄心息灭。置诸座隅。日以自警。并不忘遗诫云。

观身不净

一兴颠倒想。遂有幻缘身。脓血常交凑。腥臊每

[illegible — mirror-reversed line]

[illegible — mirror-reversed heading]

[illegible — mirror-reversed line]

[illegible — mirror-reversed line]

[illegible — mirror-reversed line]

[illegible — mirror-reversed line]

[illegible — mirror-reversed heading]

[illegible — mirror-reversed footer band, with page numbers]

[illegible — mirror-reversed line]

[illegible — mirror-reversed line]

[illegible — mirror-reversed heading]

[illegible — mirror-reversed line]

[illegible — mirror-reversed line]

[illegible — mirror-reversed heading]

具陈。纸粘皮裹肉。藤绊骨缠筋。毛覆丛丛草。虫居比比邻。内藏惟臭秽。外饰但衣巾。四大原无实。诸根岂有真。语言风自响。动转气相循。强号为男女。虚名立主宾。百年三尺土。万古一堆尘。贵贱空回首。贤愚共怆神。徒生复徒死。谁识本来人。

观受是苦

众苦从何起。深知受著情。顺违才领纳。取舍便纵横。有盛衰还至。无荣辱不成。怨从亲里出。哀是乐中生。王谢家何在。曹刘国已倾。悲欢几场梦。胜败一棋枰。事与心违背。贫将病合并。钱神呼不至。穷鬼送难行。戚戚终何益。悱悱漫不平。无求卑亦贵。知足欠还盈。若悟真空理。忧欣何处萌。

观心无常

妄心无住处。体相竟如何。闪闪风中烛。摇摇水上波。一家门户别。（六根）六个弟兄多。（六识）扰扰各驰竟。（如眼逐色。耳逐声等）纷纷总不和。（如眼不

裴景福藏 · 壯陶閣書畫錄

二六
二五

观与观者亦如是。妙观无非空假中。非一非三又非二。

与君同见画弥陀。共诣西方入画图。亲证唯心安乐土。

还来度脱苦婆婆。

舍身祈雨歌（有叙）

居士宋魁先者。明州人。家郡南门。平居奉佛甚

诚谨。辛丑夏大旱。郡县祈祷俱不应。出语人曰。我

当致之。乃往天井山龙潭。投身而下。须臾雨大沛。

旬日乃止。民赖以安。初。居士之舍身也。问道干天

井寺僧。僧目送之。见有云自空起。少顷。雨即四注。

僧疑而往探之。乃见居士趺坐水上。俨然不动。遂报

其家。取其尸归葬焉。噫。亦奇矣。昔我世尊行菩萨道。

舍身无数。救度众生。遂致成佛。今观居士之事。颇

亦类是。不谓之菩萨。吾不信也。乃作长歌以纪之。

辛丑之夏旱魃骄。元阳作虐如焚烧。乾坤为炉日

为炭。煅炼万物皆枯焦。金乌烁烁毛羽烂。火云焰焰

舍身诗偈（并序）

其一 ……

其二 ……

其三 ……

无时消。自夏徂秋五十日。点滴不闻润稻苗。田畴土地尽开析。江河溪涧扬尘嚣。井底之蛙尚不足以自偷活。池鱼性命焉能逃。农夫哀告声嗷嗷。呼天不闻怨天高。布裈当尽留赤肉。田禾枯死无蓬蒿。是时郡县计无出。为民祈雨心忉忉。呼神遣鬼莫能应。方士咒术无功劳。奇哉大士为众生。径往龙宫唤睡蛟。老龙当午睡不足。惊起平地翻波涛。龙潭之水何滔滔。其下鼋鼍常怒号。投身直下千万丈。忽然涌出水面如浮瓢。一雨旬日始休息。村原城市皆周遭。死者夏苏枯者润。垂垂禾黍翻江郊。野航不觉入城市。柔橹忽到门前摇。劳者得休病者起。乡人相贺邻相邀。吁嗟乎。大士寻常人不测。儿童妇女恒嘲调。一朝救世舍身命。直视四大同沤泡。众生之苦即我苦。物我宁间于秋毫。但期一切得安乐。身虽苦痛心陶陶。我闻人固有一死。或重泰山轻鸿毛。此雨不从龙王降。亦非江海潮。直从大士悲心出。滴滴点点化为众生血肉性命之脂膏。能使寒者衣。饥者

食。乱者治。逆者辗。黄金未为贵。白玉何足高。大
士不受功。此功何处标。我作歌诗纪其事。留与千古
万古长歌谣。

赠东阿居士二首

城南静者居。高枕一床书。世事吾何有。斋心只
宴如。折腰休乞来。弹铗不求鱼。日夕相过从。秋风
满敝庐。

续嘉兴藏·省庵法师卷

省庵法师语录卷下
省庵法师语录卷下

二三五
二三六

悟无还。

看山。有爱皆成癖。无求始自闲。不须随物转。当处
高蹈谢时辈。翛然远市阛。分泉聊灌菊。补画当

将赴浙中留别朔方居士

远公社里旧遗民。世外相逢说往因。千里关山两
芒屩。半瓢风月一闲身。扁舟细雨孤灯夜。残雪寒梅
古寺春。准拟明年修白业。与君同作种莲人。

漉水囊

护生方便最为难。细行宜修莫自宽。性命由来无

大小。死生从此有交关。一毛去体犹知痛。满盏充肠

岂忍餐。奉劝行人须仔细。朝朝虫水要勤看。

礼塔纪事八首（并叙）

己亥春三月。余从西泠渡江。诣四明阿育王山。

瞻礼释迦如来真身舍利宝塔。有德见师者。在寺礼塔

期满八万四千之数。留余同礼。余欣然就之。乃即其

处度夏。月余。间兹大师亦至。同时礼塔。课诵之余。

三人谈论佛法。相得甚欢。恨相见之晚。安居既竟。

余燃一指供佛。因作诗纪其事。以见一时之胜概云。

迦文灭度二千年。舍利于今尚灿然。自庆宿生何

善利。得瞻光相塔门前。

一颗如珠缀小钟。青黄赤白现何穷。自心还见自

心相。不是如来色不同。

续修四库全书 · 别集类

三三八
三三七

佛身本自无生灭。舍利原从何处来。真佛现前当面错。妄将分别自惊猜。

殿舍宝塔塔舍空。刹刹尘尘本自融。八万非一非少。毫端应现宝王宫。

我佛三祇修福慧。功成万古见遗勋。自家一颗光明种。久被尘埋直到今。

六时注想礼空王。忏悔殷勤不暂忘。月上塔尖人睡起。却疑舍利放毫光。

医王虽去药还留。惭愧痴儿病未瘳。读罢涅槃遗教品。伤心不觉泪长流。

夏终供佛将何事。一指持将当烛烧。犹有无明烧未得。不随残焰一时消。

寸香斋诗（并叙）

庚戌春三月。余禁足于梵天寺之西院右偏。额其室曰寸香斋。尊客相见。略叙道话数语。寸香之外。

念佛而已。作诗以见志。并告众云。

省公鹭户栖禅房。古寺重开净业堂。尽扫万缘如
禅睡。凭将四字作资粮。同人共结三年社。对客空余
一寸香。三昧未成功未熟。此生终不到城隍。

偶成四首

无能只合住深山。一室萧然独掩关。寄语世人休
见名。此生终不到人间。

省庵法师语录卷下
省庵法师语录卷下

二四一
二四二

百八轮珠六字经。消磨岁月度光阴。平生只有西
归愿。肯为他缘负此心。

为善初勤鲜克终。愿精一戒毕吾躬。从今日影过
中后。粒米休将入口中。

破舟救溺理无由。抵死须撑到岸头。等得篙师登
陆后。更移新棹入中流。

念佛述怀

六字中间无剩法。等闲觑破祖师关。赵州不喜吾偏喜。公案从今要再翻。

辞世

身在花中佛现前。佛光来照紫金莲。心随诸佛往生去。无去来中事宛然。

附录

省庵法师传

释律然

师讳实贤。字思齐。一号省庵。常熟时氏子。世业儒。师生即不茹荤。总角时有出尘志。父既早殁。母张氏知其夙具善根。命为释氏子。七岁礼清凉庵僧容选为师。聪慧爽朗。经典过目不忘。十五剃染。兼通世典。能诗。善书法。前辈钱玉友、许旸谷皆执节与交。然

未尝顷刻忘生死大事也。性笃孝。母亡。于佛前跪讽报恩经七七日。岁时伏腊。必设像修供。他日至普仁寺。见一僧死仆地。师瞿然。悟世无常。益加鞭策。年二十四。圆尸罗于昭庆。严习毗尼。不离衣钵。日止一食。胁不贴席。率以为常。庚寅。依渠成法师。听讲法华圆义。谒绍昙法师。听唯识、楞严、止观诸部。昼夜研穷。未三夏。三观十乘之旨。性相之学。无不通贯。昙师即授记莂。传灵峰四世天台正宗焉。甲午。叩灵鹫和尚于崇福。参念佛是谁话。操持严密。四月。鹫欲付以衣拂。弗受。辞去。爰禁足于真寂寺。日阅三藏梵箧。夕课西方佛名。三年期满。寺众请讲法华。恍然契悟。曰。我梦觉矣。自是应机无碍。才辩纵横。师升座开演。河悬泉涌。沛然莫御。戊戌首春。止杭之隆兴寺。绍昙法师命师代讲经律。每击节称善。己亥春。诣四明阿育王山。瞻礼舍利。先后五燃指香供佛。每年佛涅槃日。讲演遗教、弥陀二经。示是心是佛之旨。

省庵法师年谱

张景岗居士

清康熙二十五年·丙寅（1686）一岁

是年八月初八日，大师生。俗姓时，江苏常熟人，世代习儒，为书香之家。

康熙三十一年·壬申（1692）七岁

大师生来即不茹荤，幼年时便有出尘之志。大师出生后不久，父亲即早逝。母亲张氏知道大师夙具善根，命为释氏子。

是年，大师礼清凉庵僧人容选为师。聪慧异常，经典过目不忘。

康熙三十九年·庚辰（1700）十五岁

是年剃度出家，法名实贤，字思齐，号省庵。

由于大师兼通儒家典籍，诗文和书法都很出色，
当时的前辈名流钱玉友、许畇谷都执礼与他相交，但
大师从未忘怀生死大事。一次到普仁寺，亲见一僧仆
地而死。师瞿然悟世无常，益加鞭策。

康熙四十八年·己丑（1709）二十四岁

是年于昭庆寺受比丘戒。

大师严持戒律，不离衣钵，日止一食，胁不贴席，

终生不懈。

大师天性笃孝，母亲去世时，在佛前跪诵《报恩
经》四十九日。以后每年忌日，大师都要设像修供。

按：其母亡故年份不详。

康熙四十九年·庚寅（1710）二十五岁

依渠成法师，听讲法华圆义。

谒绍昙法师，听《唯识》《楞严》《止观》诸部经义，

绝[illegible]呢所在，乐《每次》《龙门》《斗鸡》[illegible]兴新义。

安[illegible][illegible]所在，乐[illegible]所针回义。

摄影日十六件·[illegible]（[illegible]）二十四岁

获：其本小技[illegible]行以海。

[illegible]》日十六日，又佰[illegible]州[illegible]日，大志[illegible]卧故硬[illegible]乐。

大志[illegible]新[illegible]林，中[illegible]收为平，[illegible]每[illegible]器谁《该画

殊州[illegible]肆。

秋雁来潮·约病闲居物　平声　至声　二○六　二五五

大志尝在技研，[illegible]收藏，田计一[illegible]，要[illegible]尝[illegible]。

收州十器[illegible]州[illegible]只月技。

摄影日十八件·己丑（[illegible]）二十二岁

[illegible]宅学，[illegible]断[illegible]而南[illegible]，相言裁[illegible]。

大志之长明京刑所大都，一讼[illegible]堆介事，[illegible]与一台介

[illegible]平[illegible]在[illegible]络[illegible]放[illegible]成，[illegible]居[illegible]华[illegible]几[illegible]古饮，甸

由十大志[illegible]细能[illegible]事[illegible]，[illegible]文[illegible]其[illegible]华[illegible]甸[illegible]。

昼夜研穷。

依绍昙法师研教。

康熙五十年·辛卯（1711）二十六岁

依绍昙法师研教。

康熙五十一年·壬辰（1712）二十七岁

夏，登阿育王山，顶礼释迦牟尼佛真身舍利宝塔。

遇官府按旧例杀豕致祭金沙井灵鳗龙王，师亲睹宰杀之事，作《祷灵鳗菩萨文》，陈述不断杀业的十种过失。于六月十七日，备香烛之仪，投书潭中，劝灵鳗以神力致梦朝廷，从此戒杀。此文是师现存最早的文字著述，文中所陈不断杀业之第九种过失为「难生净土」，其言云：「如经中说娑竭龙王告金翅鸟曰：我自生此海中，未尝触害水性众生。舍此身后，当生西方极乐世界。大士今为杀业，云何当得往生？」是知大师其时已归

大士令戊余辈，此后昭然其由。一是年于大府其祖乃卒。

未尝辍雪亦刻天书，舍妪某后，曾主西台亲来吴。

云：一家中诸彝藏未至吾金璧真曰：遂自至吴城中，

文中词都京酒亲来亚尔莽赴来戌「载至亲」其言

此后养赜至，乃妇妹亲。如文是刑马亲最早临文亭养画，

千六日十夫日，省香城少戌，然弦军中，戌民彝题乃椎

少事·亲《菰蒋兴录文》刻赴亲酒赴亚临十椎赴来。

馹首家辣日届亲赴娃终金衔共吴题为主，柿亲题辛亲

菰蒋兴录·省御书画册
摘录　楷书
二五八　二五六

夏，奎阿育壬山，前床鞋返车马郴真。建舍居定睹。

本卷是为刻麻卷。

康熙五十一年·壬辰（1712）二十七岁

本卷是为刻麻卷。

康熙五十年·辛卯（1711）二十六岁

逼象极密。

心净土法门。

按：《佛祖统纪》记钱武肃王迎请阿育王舍利塔至钱塘，梦见一位菩萨，首戴结缦华冠，两掖挟蟹，云："是育王圣井灵鳗，来护塔耳。"赞宁有《护塔灵鳗菩萨传》一卷记其事。

康熙五十二年·癸巳（1713）二十八岁

依绍昙法师深研经教，已近三年，于三观十乘之旨、性相之学，无不通贯。绍昙法师为授记莂，传灵峰四世天台正宗。

康熙五十三年·甲午（1714）二十九岁

叩灵鹫和尚于崇福寺，参『念佛是谁』话头。禅修精进，操持严密，历四月，恍然契悟，说："我梦觉矣。"自此之后，应机无碍，才辩纵横。灵鹫和尚欲传法嗣，付以衣拂。大师未受，不久便告辞而去。

参禅开悟后，随即于真寂寺禁足，闭关三年，自天阅藏，晚上专持阿弥陀佛名号。

按：师有诗《赠东阿居士二首》，写作日期不详，谨录于此，以见大师闭关清修之襟怀。其一：『城南静者居，高枕一床书。世事吾何有，斋心只宴如。折腰休乞米，弹铗不求鱼。日夕相过从，秋风满敝庐。』其二：『高蹈谢时辈，翛然远市阛。分泉聊灌菊，补画当看山。有爱皆成癖，无求始自闲。不须随物转，当处悟无还。』

大师作有《念佛偈》，可以见其悟后对禅、净二门的基本态度：『念佛一声，漱口三日；一句弥陀，众罪消灭。两家公案，是同是别？拟议思量，八万亿劫。』又有《念佛述怀》：『六字中间无剩法，等闲觑破祖师关。赵州不喜吾偏喜，公案从今要再翻。』所言『六字』，即『南无阿弥陀佛』。

康熙五十四年·乙未（1715）三十岁

[illegible]（1112）三十[illegible]

[illegible]

[illegible]《[illegible]》[illegible]

[illegible]

[illegible]

[illegible]《[illegible]》[illegible]

[illegible]摄·[illegible]

[illegible]

[illegible]

[illegible]《[illegible]》[illegible]

[illegible]

在真寂寺闭关。

秋，作净土诗三十首，付工刊版。

按：师于《劝修净土诗》中言此年诗作云：『一时草草付工刊版，惜乎理未周圆，事多疏漏。』知师时专研净土一法，而尚未圆彻。

康熙五十五年·丙申（1716）三十一岁

在真寂寺闭关。

六月十九日为观世音菩萨成道日，大士在南郭顾善人家的竹帘上现像，仅容庄严，清晰可辨，观者如堵。

师作《示现观音像赞》以纪之。

康熙五十六年·丁酉（1717）三十二岁

在真寂寺闭关三年期满。寺众请讲《法华经》，师升座开演，河悬泉涌，沛然莫御。

[illegible]，[illegible]，[illegible]。

[illegible]《[illegible]》[illegible]

[illegible]（[illegible]）[illegible]年

[illegible]《[illegible]》[illegible]。

[illegible]，[illegible]，[illegible]，[illegible]。

[illegible]

[illegible]。

[illegible]（[illegible]）[illegible]年

[illegible]，[illegible]。

[illegible]，[illegible]，[illegible]。

[illegible]《[illegible]》[illegible]：二、

[illegible]，[illegible]川十[illegible]，[illegible]生殁。

[illegible]。

康熙五十七年·戊戌（1718）三十三岁

春，至杭州隆兴寺。绍昙法师在寺中开设讲席，命师代讲经律，对师所作讲解十分赞叹，常为之击节称善。

夏，于隆兴寺学律安居，听经坐腊。安居结束后，同学摄兄看到大师在真寂寺闭关期间所作的净土诗，踊跃赞叹，恳恳大师继续补充完善。大师对于自己在真寂寺闭关时所作的净土诗三十首，一直不太满意，认为诗中理未周圆，事多疏漏，总想重加添削修订，却没有机会。此次因同修劝请，便着手修订。

秋，着手重订净土诗作，删繁补缺，不觉信笔任心，盈编成册。新旧共得一百零八首，总名《劝修净土诗》，刊版流通。集中描写西方净土依正庄严，广破群疑，指示工夫，结劝往生。诗中带有自注，阐释净土事理颇为详明。诗后有《发愿偈》一首，有云：『我今承佛力，阐扬净土教。诗成百八章，章各有八句。为顺

裴鼎兴藏·肖愉示画卷

愉秦　愉秦

二六六　二六五

此方机，故以诗演说。」

按：《劝修净土诗》的增订完成，是省庵法师净

土思想成熟的重要标志。其后如启建涅槃会期间所作《劝

发菩提心文》《涅槃会发愿文》《回向偈》等，均以西方净

土为指归。而《西方发愿文注》《东海若解》等净土专著中，

关于禅与净、自力与他力、持名与观想等的重要阐释，均

已见于诗中。

《劝修净土诗》流传甚广，民国印光法师重订《净土

十要》，即将全诗收入第五册『附本』《莲华世界诗》后。

康熙五十八年·己亥（1719）三十四岁

春三月，大师从西泠渡江，再次前往四明阿育王

山瞻礼舍利塔。当时有一位德见师正在阿育王寺礼塔，

发心要拜满八万四千之数，他和省庵大师一见投缘，

便恳切挽留大师一起礼塔。大师欣然同意，便在德见

师的居处度夏安居，一起礼拜佛舍利塔。过了一个多月，

[illegible]《西游记》流传甚广，[illegible]

[illegible]之别本，为[illegible]中央[illegible]重印之《[illegible]》本。[illegible]

乾隆五十八年·乙卯（四）三十四岁
[illegible]

[illegible]吴承恩[illegible]

[illegible]淮安[illegible]

[illegible]

间兹大师也到山上礼塔。三人同时礼塔，干课诵之余谈论佛法，相得甚欢，恨相见之晚。

三个月的安居结束后，大师在舍利塔前燃一指供佛，并作《礼塔纪事》诗八首纪其事。其一述其礼塔期间感得舍利放光之瑞：『迦文灭度二千年，舍利于今尚灿然。自庆宿生何善利，得瞻光相塔门前。』其八述其燃指供佛事：『夏终供佛为何事，一指持将当烛烧。犹有无明烧未得，不随残焰一时消。』大师一生共先后五次燃指、燃香供佛，并作有《燃指问辩》一文以释疑。

大师燃指供佛后，心里仍觉歉然未足。他想起自己幼年刚出家时，常在僧众中向长老请教释迦牟尼佛涅槃的日期，却无人能够回答。即使有所指陈，也说不出根据，心里感到很困惑。直到长大后读《涅槃经》，才知道佛入灭的日期为二月十五日。师看到末法出家众，在佛涅槃日既不悲哀，也不知献供，甚至连佛灭度的日期都不知道，心中有无限的感慨，发心要在来

……以人迁谪十……料将……三人迁谪。

……岂独写山水之胜。

大师回到家乡……二十六岁……写诗词不少篇。

今诵读其诗，仍不免……一首诗。

……可惜未传世，评骘未有定论……一则……

……二则大师二十六岁……一词……

……何尝回避……一词……[illegible]

……《苏轼……选注》一文又辨诬。

……[illegible]……

……[illegible]……

……三个月后发配来黄州，大师在会馆都宿第一晚……其一首诗……

……[illegible]……

……[illegible]……

年的佛涅槃日举行供佛的法会，以答谢佛陀对自己和一切众生的无尽深思。

秋，大师赴永福寺水陆法会。法会期间偶与同辈谈起供佛之事，一时即有数人发心共同协助大师办理供佛法会。师于是前往苏杭，采办百味饮食及香花等营斋供品。

康熙五十九年·庚子（1720）三十五岁

春，返回阿育王山，为启建涅槃法会做最后的准备。作《舍利忏》仪文及《舍利忏叙》，作《涅槃会发愿文》，立四十八大愿，并作《回向偈》等。

二月十五日为佛涅槃日，大师在阿育王山率领大众，正式启建为期七天的涅槃法会。所备供品力求精洁：食须三德，不干不湿；菜须六味，非生非冷；果须珍异，非贱非粗。法会首日供佛，依净觉法师所撰《释迦如来涅槃礼赞文》行仪。次日礼忏，则依照

嘛《[illegible]研究与春秋》作文。[illegible]，[illegible]安徽
[illegible]。并受其命，[illegible]，[illegible]。
[illegible]。自任[illegible]，[illegible]。[illegible]。
[illegible]，[illegible]为文定作研究项作。[illegible]。
[illegible]二月十五日为研究日，[illegible]，[illegible]大
[illegible]十八大作。并乔《回向图》抒。
乔《舍生序》又作《舍生序说》，乔《研究作成稿文》。
[illegible]。[illegible]，[illegible]研究项作我候伯忠论稿。

[illegible]·[illegible][illegible]摄

绍兴[illegible]年·[illegible]（1150）三十七岁

[illegible]乐乐。

乐乐项作。[illegible]研有特法，[illegible]，[illegible]
[illegible]乐乐少年。一年[illegible]，[illegible]研四专色[illegible]
[illegible]。[illegible]作研项作。[illegible]
[illegible]。

[illegible]研究日[illegible]作乐乐色项作。又[illegible]

大师自述仪轨。至第七日，忏事圆满，以念佛回向结束。

在法会进行期间，大师写下了著名的《劝发菩提心文》，阐释发心的八种差别和十种因缘，勉励四众同发菩提心，任持如来正法，云："我为佛子，不能报恩，内无益于己，外无益于人，生无益于时，死无益于后。天虽高不能覆我，地虽厚不能载我。极重罪人，非我而谁？由是痛不可忍，计无所出，顿忘鄙陋，忽发大心。虽不能挽回末运于此时，决当图护持正法于来世。是故偕诸善友，同到道场，述为忏摩，建兹法会。发四十八之大愿，愿愿度生。"又云："况今我等又得出家，又受具戒，又遇道场，又闻佛法，又瞻舍利，又修忏法，又值善友，又具胜缘。不于今日发此大心，更待何日。"又云："'虚空非大，心王为大。金刚非坚，愿力最坚。大众诚能不弃我语，则菩提眷属，从此联姻；莲社宗盟，自今缔好。所愿同生净土，同见弥陀，同化众生，同成正觉。'闻者无不感动。

慈喜興羨·省語出囲卷

二十四
二十三

若不修观想一法，则平时于定中、梦中见佛为难。

在叙中，师赞叹《西方发愿文》「义周词备」，并

说：「菩萨修行法门，诸佛成道因果，无不在是，又

岂别有一法出于愿文之外者哉！」叙中将《西方发愿

文》提纲挈领分为发菩提心、忏悔三障、立四弘誓、

求生净土、回入娑婆、总申回向六章，对于准确理解文

义甚为有益。

按：印光法师也十分推崇莲池大师的《西方发愿

文》，言：「此文词理周到，为古今冠。」并言：「《省庵语

录》下卷，有此愿文注解，阅之自知其妙。」

值得注意的是，今本《西方发愿文注》题下署

名「后学沙弥实贤注」，叙后署名「东吴虞山沙弥实贤

书于海南蛟门之海云精舍」。省庵大师于二十四岁受比

丘戒，已有十七年。此年自居沙弥，具体情形难以考证，

但体现了对戒律的高度尊重。（藕益大师曾于佛前拈阄，

退作菩萨沙弥，后依占察行法礼佛，获清净轮相而复

这是一页手写的校勘记（竖排，自右至左），字迹潦草漫漶，多处不能确辨。

[illegible——手写行草，难以逐字辨认]

版心页码：二八三　二八四

文中可辨出的字词片段有：《金石萃编》、《金石录》、隋、唐、卷、十六章、中国、改、今本、原作、按 等，余多[illegible]。

比丘戒，事见《灵峰宗论》。省庵大师在《劝发菩提心
文》中曾言：『今我等日用之中，一举一动，恒违戒
律。一餐一水，频犯尸罗。一日所犯，亦应无量。何
况终身历劫，所起之罪，更不可言矣。且以五戒言之，
十人九犯，少露多藏。五戒名为优婆塞戒，尚不具足。
何况沙弥、比丘、菩萨等戒，又不必言矣。问其名，
则曰我比丘也。问其实，则尚不足为优婆塞也。岂不
可愧哉！』可以略知梗概。）

雍正五年·丁未（1727）四十二岁

二月，继续于阿育王山举办涅槃法会。

九月，于杭州梵天寺起念佛七。梅芳法师时在广
严庵，大师便请他一起参加佛七。梅芳法师与大师知
交最久，大师认为他具备『三真』，即真解脱、真干净、
真精进，曾断言他必生西方。当时梅芳法师正患痢疾，
每天要发病数十次，但念佛始终没有懈怠。佛七结束后，
梅芳法师前往无锡斋僧馆，到那里后，病得更加严重。

省庵大师（实贤）尺牍

[illegible]……都摄六根，净念相继……[illegible]……《楞严经》……[illegible]

雍正五年·丁未（1727）……十二日

《嘉兴藏·省庵法师卷》

二八五　二八六

后有一天，法师遍告护法居士莲，说自己明天就要往生。

第二天，众人如期而至，法师即起坐念佛，合掌而逝。

冬，一元师从吴地来，向大师讲述了梅芳法师临

终坐化往生的情形。大师听后说到：『余言验矣！』作《梅

芳法师往生传》。

按：大师有佛七《念佛规约》见《省庵法师语录》。

雍正六年·戊申（1728）四十三岁。

二月，继续于阿育王山举办涅槃法会。

前后数年间，大师应永福寺、普庆寺、海云寺之请，

前往主持寺院，每进院模范一新，清规肃穆。日讲《法

华经》《楞严经》诸部，执经请益者悉集座下。

约于是年，退隐杭城仙林寺，不出户庭，力修净业。

有《将赴浙中留别朝方居士》诗约作于赴杭前作：『远

公社里旧遗民，世外相逢说往因。千里关山两芒屦，

半瓢风月一闲身。扁舟细雨孤灯夜，残雪寒梅古寺春。

裘熹兴藏·省斋读画录

二八〇
二八六

[illegible]其[illegible]，[illegible]人[illegible]一。
[illegible]。
[illegible]《[illegible]》[illegible]。
其一[illegible]，[illegible]人口中。一其[illegible]。
[illegible]。
[illegible]。
[illegible]。
[illegible]，四十四岁（1154）[illegible]。
[illegible]。
[illegible]。
[illegible]。
[illegible]其二[illegible]。
[illegible]其三[illegible]。
[illegible]其四[illegible]。
按：[illegible]。
[illegible]。

行，顶礼十日忏摩，供献百味饮食。师为作《重建涅槃忏会叙》，以普告大众。

是年继于仙林寺隐修。师因阅《大智度论》作《不净观颂》，又据《涅槃经·遗教品》作《四念处颂》，二颂可能即作于此一时期。另有一部重要著述《东海若解》可能也作于此时。《东海若》为唐代柳宗元的一篇佛学寓言，举扬净土法门，破斥狂禅之失，《乐邦文类》全文收录，并誉之为「乐邦文类之冠」，称其为「达佛旨者也」。省庵法师所作注解精辟入微，堪称名篇。

在注解中剖析自力、他力两种法门解脱生死之难易差别，言：「知难易，则知利害。知利害，则知去取。」认为正法、像法之世有靠自力出生死者，末法时代却罕闻其人。参禅开悟后虽有见地，但由于惑业未尽，一入胞胎，便成隔阴，从前所悟寻复忘失。更有随业牵入异类，不能自主，至为可惜。师言：「故知不悟则已，悟则求生西方，当愈急焉。」又言：「当知欲超

生死，无过净土一门。若在此土，而能出离，断无是处。

愿无争口舌，幸平气而思之。」

冬，杭州茅静远、叶升、皇甫子仪、李执玉等居士，

以及梵天寺监院师省躬、一苇等，请大师主持凤山梵

天寺。师于寺中与众结社，开净业堂。作《净业堂规

约》确立入堂念佛以三年为期，每日功课分为二十时，

其中十时用于持名念佛，九时依《观无量寿佛经》作

观，一时用于礼忏。还规定不得应酬世间佛事，即使

是施主来寺中讽诵经呗，也不应轻易答应，实在不得已，

也只能礼弥陀忏为之念佛而已。作《净业堂铭》《斋堂

铭》《东铭》《西铭》《浴室铭》《厕室铭》《卧室铭》等，

勉励大众。师屏绝诸缘，纯提净土，人们都称他是永

明大师再来。

当时，寺中的圣眼师卧病不起，其卧室与净业

堂相连，每日听到钟鱼念佛声也随之默念。十二月

二十六日，一苇师延请省庵大师和众僧，至圣眼师床

二十六日，一尊师复青省，南大师兄瞥。圣圣期师来
服大师再来。

圣师，辛中陷金期师恒藏来绣，其相室兄弟主
童助来。食日师庭特回，念师青圆入想念。十二月

爱恼大兄，师罪勇若彩，劳题师主，入门楷徐如长来
绣》《西路》《谷室路》《圆室路》著室路》革，
为只输体罪诸补民少，念奉在5。令《辛主童路》《奋童
圣师主来辛中师前静看且，为不回群是容回，宗师来器5。

老震兴煤·省寂大刑器
挹条 挹秉
二厌四 二厌三

贼，一相用子乐补。玉赚立来群回赠与同补辇，明好
其中十相用子补好念补，八相彩《贼天量奉补经》补
渭》，朕立人量金补火三羊民展，良日收群公民二十相，
天辛，师子辛中卍戈黎珠，开彰业童。补《天彰业童》赚
以长其天辛翘病布省魂，一尊尊，青大师主桀反山我
我，流师桀籍利，十年，皇甫半戈，辛蘇元弟圆土。
愿天年曰香。辛年八而恩八。一
主来，天拉辇十一仁。蒜在火土，而输出霸，通禾隶戈。

前高声念佛。他对大师说："愿师为我开示。"师说："汝当尽舍万缘，一心念佛。万劫死生，只今脱去，急宜着力。"圣眼师便同僧众一起念佛，又发下四宏誓愿，语极恳切，于当晚往生。师为作《圣眼上人往生传》。

雍正八年·庚戌（1730）四十五岁

二月，于杭州仙林寺举办涅槃忏会。

三月，师于梵天寺西院禁足，闭关三年。题其室为「寸香斋」，作诗以明志，有「省公当产构禅房，古寺重开净业堂」及「同人共结三年社，对客空余一寸香」之句。有尊客相见，略叙道语，寸香之外，念佛而已。其《寸香斋铭》云："尊客相逢，勿谈世谛，寸香为期，唯道是语。不近人情，不拘俗礼，知我罪我，听之而已。"

师在梵天寺与众结三年念佛长期，规定不得应赴世间佛事，其态度可见于所作《应赴说》一文。文中

此间数事。其感觉下马千乎亦《回步说》一文。文中
称亦费天才礼尾器三年含甲才展。縣武亦縣回步
见少作句。

十香戊膜。亩道其器。亦武八肴。亦尚谷片。眯森影床
戊香句。其《十香香器》亦：「尊容自画。
古亦重开亩尊生童一亦一同八共器三年坏。戊容空余一
十香亦白。庫尊容自马。御徐道器。十香少乎。含
亦一十香香。亦亦又股身。庫「官公器亦诗尊器。

三月。刑子费天亦西码恭乎。匹宋三年。酿其室
二月。千旗皿枝亦举长影影升仓。

嘉五八羊。宋名（1130）四十五岁

嘉戊影时。千香器乎主。刑亦亦《全期工人至主报》。
善甘。「全期刑究回留亦一步含器。亦戊十四窗音影。
亦界含长彩。一少含器。长妹乎主。只令期告。盒宜
蒲亩壹含器。亩亦大刑说：「愿刑亦森开示。扁器：「我

认为佛法以济人为本，度生一事，诚非多事。然而自既未度起，焉能度人？古时的瑜伽法事都是登地菩萨利生之事，非初心凡夫所宜。今则多属贸易行为，即使虔诚也难赎贪求财利之过，况且未必虔诚。假若作佛事时散漫懈怠，必造堕落之报，备受无量大苦，因此一定要慎之又慎。

大师还作有《念佛着魔辩》，认为参禅、念佛其难易虽有自力、他力之分，但都难免有魔事。原因有三：一是教理未明，二是不遇善友，三是自不觉察。大师主张中、下根人，须遍阅净土诸书，备识信、愿、行三差别之相。还要亲近善知识，互相警策。又要自己时刻虚心觉照，防止滋生骄慢。三者缺一不可。

大师对于禅者亦多切要开示，如《示禅者念佛偈》云：『一句弥陀，头则公案。无别商量，直下使判。「如大火聚，触之则烧。如太阿剑，撄之则烂。八万四千法藏，六字全收。一千七百公案，一刀斩断。

往往佛不喜闻，故自心心不念。请君不必多言，只要一心不乱。」

遂有僧人学作诗文，师痛诫道：「人命在呼吸间，哪有闲工夫学世谛文字？稍一错过，便成隔世，欲望出离，难矣哉！」

雍正九年，辛亥（1731）四十六岁

在梵天寺闭关念佛。

雍正十年，壬子（1732）四十七岁

在梵天寺闭关念佛。

雍正十一年，癸丑（1733）四十八岁

大师在梵天寺西院的十香斋闭关三年期满。

十二月初八日是释迦牟尼佛成道日，大师对弟子说：「我于明年四月十四日长往矣。」于是再次掩关十香斋，每天持念佛号，以十万声为定课。

雍正十二年·甲寅（1734）四十九岁

四月二日，出关。

四月十二日，告众说："吾十日前见西方三圣降临虚空，今再见矣，吾其生净土乎。"随即安排交代好寺院中的事务，并和城中闻讯而来的护法居士一一辞别。大师的侍者请求书偈，师书云："身在花中佛现前，佛先来照紫金莲。心随诸佛往生去，无去来中事宛然。"写完说道："我十四日定往生矣，尔等为我集众念佛。"

四月十三日，大师断饮食，敛目危坐。

四月十四日，凌晨五更时，具浴更衣，朝向西方闭目趺坐。至巳时（9—11时），远近弟子纷纷赶到，一边流着眼泪，一边对师礼拜说："愿师住世度人。"师睁开眼说："我去即来。生死事大，各自净心念佛。"说完后，合掌称佛名而逝。过了不久，大师鼻筋下垂，颜色明润。直到封龛时，容色不变。

十二月初八日，虞山上首无住师与众弟子函师灵

十二月除八日。氣山主首⋯⋯谷烏不變。

鷸烏眠雨。直陸使金摺。谷烏不變。

路字雨。合畢森暢身雨。臥已宋長。大師桌殖十金。

此尤義期雨。一止找刑床稀。

雨自教坐。坐勾惛（〇一二期）。

四月十四日。恭景五吏悟。具谷吏來。陳向西方。

四月十三日。大師偏教食。撿目烏坐。

宦宗榮首：「姝十四日字來。不華氏森集六念術。

鮪尤來與森金蓮。小阁森都到坐來。不未來中車术來。一

陈。大師偏教青末油留。刑法云：「東森洋中都颡肯

丰說中俉車蓉。丼唁麻中固所而來洄珠出凰士一語

醐靐窒。今年馬朵。吞其坐年士年。一蓟門安縣支石陸

四月十二日。壽衣蓟：「吞十四日街馬西方三金莽

四月二日。曲朵。

霄五十二年・甲寅（一九七四）四十六歲

骨，建塔供奉于琴川拂水岩之西。

大师生于康熙二十五年八月初八日，春秋四十九，

僧腊二十五。先后主持寺院十余年，得度弟子及得戒、

归依的人很多。著有《劝修净土诗》《劝发菩提心

文》《涅槃会发愿文》《西方发愿文注》《东海若

解》《续往生传》等，并行于世。后世尊为净土宗第

十一代祖师。

按：清乾隆间彭际清居士编订《净土圣贤录》，以省庵

继莲池、蕅益为净宗第十代祖师。清道光间悟开师作《莲

宗正传》亦同。至民国印光法师推截流为十祖，尊省庵为

十一祖，而为定论。

乾隆七年·壬戌（1742）　师往生八年

二月十五日是释迦牟尼佛的涅槃日，鄮山诸缁素怀

念大师道行，于阿育王寺的右边重新建塔，迎请大师

的灵骨入内供奉。其旧塔用以藏衣钵。

十一月，告成京师。

...乾隆七年（1742）告竣京师...

三〇三
三〇四

乾隆五十年·乙巳（1785）师往生五十一年

大师往生后，其遗稿由弟子际本本辑录，正因慕刻

流通，名《思齐大师遗稿》。而《劝修净土诗》《劝发

菩提心文》《涅槃会发愿文》三种则合刊另行流通。又

有《西方发愿文注》《东海若解》，各有单行本。是年，

净业学人彭际清居士于龙兴寺得一抄本，也为际本师

所录，内有很多诗偈是刻本中所无。彭际清居士将大

师遗稿重加编订，择要合编为上下两卷，卷后附以《西

方发愿文注》《东海若解》，名为《省庵法师遗书》。次

年初，新本刻行于世。后刻本又名《省庵法师语录》。

全书终

图书在版编目（CIP）数据

续嘉兴藏.省庵法师卷 /(清)省庵法师著；《续
嘉兴藏》编纂委员会编. —— 杭州：浙江大学出版社，
2019.10
　ISBN 978-7-308-19651-2

　Ⅰ.①续… Ⅱ.①省… ②续… Ⅲ.①佛教—宗教经
典—中国 Ⅳ.①B94

中国版本图书馆CIP数据核字（2019）第238577号

续嘉兴藏·省庵法师卷
（清）省庵法师　著　　《续嘉兴藏》编纂委员会　编

责任编辑	王　晴
责任校对	赵　珄
封面设计	雷建军
出版发行	浙江大学出版社
	（杭州天目山路148号　邮政编码：310007）
	（网址：http://www.zjupress.com）
排　　版	浙江时代出版服务有限公司
印　　刷	杭州名典古籍印务有限公司
开　　本	787mm×1092mm　1/16
印　　张	22
字　　数	150千
版 印 次	2019年10月第1版　2019年10月第1次印刷
书　　号	ISBN 978-7-308-19651-2
定　　价	598.00元

烟屿楼读·省海志辑卷

（清）[illegible] 撰　　《烟屿楼读》编辑委员会 编

责任编辑　　王　晴
责任校对　　陈　[illegible]
封面设计　　[illegible]
出版发行　　浙江大学出版社
　　　　　　（杭州天目山路148号　邮政编码：310007）
　　　　　　（网址：http://www.zjupress.com）
排　　版　　[illegible]
印　　刷　　[illegible]
开　　本　　787mm×1092mm　1/16
印　　张　　32
字　　数　　150千
版 印 次　　2019年10月第1版　2019年10月第1次印刷
书　　号　　ISBN 978-7-308-19651-2
定　　价　　358.00元

网址：http://zjdxcbs.tmall.com　　发行电话：（0571）88925668　[illegible]

图书在版编目（CIP）数据

烟屿楼读．省海志辑卷 /（清）[illegible] 撰；《烟屿楼读》编辑委员会编. —杭州：浙江大学出版社，2019.10
ISBN 978-7-308-19651-2

Ⅰ. ①烟… Ⅱ. ①[illegible] ②[illegible] Ⅲ. ①随笔—中国 Ⅳ. ①B94

中国版本图书馆CIP数据核字（2019）第235527号